YO-ELLAS

CARLA CARMONA

YO-ELLAS

RENACIMIENTO
Colección Mediodía
SEVILLA

© Carla Carmona
© 2024. Editorial Renacimiento

www.editorialrenacimiento.com
POLÍGONO NAVE EXPO, 17 • 41907 VALENCINA DE LA CONCEPCIÓN (SEVILLA)
tel.: (+34) 955998232 • editorial@editorialrenacimiento.com

Maquetación y diseño: Manuel Ortiz

DEPÓSITO LEGAL: SE 2302-2024 • ISBN: 978-84-10148-95-6
Impreso en España • Printed in Spain

A mi madre, mi abuela, mi hermana; a mis amigas;
a Manolo, quien me acompañó durante su escritura

Yo, que he conocido la felicidad,
   sé reconocerla:
este brillo en los ojos,
este correr desde dentro
hacia más adentro.

LLANURA DESPOJADA

Mɪ paisaje –
tierra árida,
cielo ecuánime.
En barbecho –
mi cuerpo.

¿Paseaste
alguna vez
por un campo de labranza
recién segado?

Continuo de terreno y aire –
colmado
rebosante.
Completa inundación
de lo existente.

Definitiva consumación.

Ve –

un campo lo suficientemente vasto
elige,
mira en derredor.
El horizonte del que te hablo
no está en la distancia,
sino a tu izquierda,
y a tu derecha,
detrás y delante de ti.
A él
se debe
la firmeza de tus pasos.

Inhalar un límite
que no es término de cosa alguna.
El comienzo
en los bronquios.
De estar dentro
percatarse.

Y pertenecer.

Cual astronauta
en una luna
de campos gravitacionales insólitos –
lo que está debajo
de lo que está arriba
indistinguible.

Apoyar el pie
sin suelo que lo reciba.
Providencial azar
de mantener
la vertical.

RECUERDO

A lo lejos la estancia.
Ramillete de espigas en mano alzada –
tu silueta
mi horizonte.

RECONOCERME niña
en una fotografía.
Alisado el cabello
en vestido de domingo
azul oscuro casi negro
de ninfeas lazada ancha
peligro de asfixia ajustar
apretar con fuerza dejar fuera
todo lo que duele
de tanta luz
entreabiertos los ojos.

Desde ellos veo
aquellos días
y estos.

PÉRDIDA

AL andar golpeas –
enérgica –
la chivata contra el suelo,
lanzamiento que la tierra te devuelve
con eco sobrio –
zumbido entre las pipas
cual avispa en laberinto
que no quiere abandonar.

Acaricias
el trigo con la mirada.
Tú, majestad de las gallinas,
enemigo del cardo y de la ortiga,
solitario cazador de espárragos –
con la carretilla
hilas historias serenas,
con los arados
dibujas maravillas.
¿Lo oyes?
La cigarra

canta tu nombre.

Perderme
en tus selvas de humilde hierbabuena –
demorarme
en el tronco retorcido de tu parra vieja.
En el montón de grano
aguantar la respiración –
que me pique la lengua,
que me pique la piel toda.
Pedalear
creyendo que te debo el equilibrio.

Verte –
descender del tractor en tu mono azul,
reposar la mascota en el perchero –
ilusionada
cada día.

Chapotear
en tu sonrisa de alberca clara
chapotear
la noche de verano
la luz de la mañana.
Los traqueteos del tractor –
mecerme al alba –

golpear el cristal
con la cabeza –
despertar:
los girasoles
con tus ojos.

Aroma de sandía –
recordarte
concentrarme
la navaja afilada
los chasquidos del corte.
Morder una tajada tras otra
empapada de pulpa
de cuerpo entero
arrulla mi mejilla
su licor.
Limpiarme con la boca la muñeca –
dulce cosquilleo.

El café oscuro –
negro –
en vaso pequeño
la penumbra de un comedor
adormilado todavía por la siesta.

Ahora que sé
lo que es el café –

beber –
beber café contigo –
hoy,
que tú ya no eres;
ayer,
y ser yo de otra manera.
Beber café,
beber café contigo,
en cada uno de tus sorbos
toda vez que no lo hice –
toda vez que lo hago ahora.

No quiero mirar ahí –
no quiero.
Un incendio:
ardo.

En la llama
hago mis tareas
como una colegiala
que colorea
láminas de ceniza
y sueña que dibuja.
Mis trucos son buenos
pero el fuego se extiende –
y se extiende.

ROMPERSE EN UN VERSO ABIERTO

AQUELLO que describía con acciones:
hoy ya tiene nombre.
Miro por la mirilla
de un concepto
la vida vivida
treinta años después.
Distingo con nitidez.
Amenaza. Golpe. Grito. Golpe-golpe.
Miedo. Tiemblo. Miedo.
Golpe. Grito. Golpe.
Bajo la almohada
todos los cuchillos menos
uno
también el hacha –
fingirme dormida.
Escalera abajo sigilosa
deteniendo el movimiento zenoniana
el aire tiene peso – a veces moverse
entraña atravesar un cuerpo –
tomar aliento camuflada en el espejo.

Me duelen las edades
que me dicen silencios.
Recuerdo el tiempo
sentado junto a mí
esperándome –
esperando
[hoy lo sé]
este rayar el alba.

He visto amanecer
a esa hora
en que las farolas
son de fuego
y los árboles se incendian
como en diferido.

Amanecer
en el marco
de una ventana
de cortina azul.

Magritte
tenía razón –
a mi pesar.

VENTILADOR DE TECHO

Mis vidas vividas de aspas
cual ropa tendida cuelgan –
acartonadas.

Esos días de otros tiempos,
tintineos inaudibles de deseos ya exhaustos –
tiesos.

Fulminante luz inmensa:
olimpos trocados en rastrojo,
volátiles cenizas glutinosas
de piel hambrientas.

CORTARME LA CABEZA
(YO COMO CHINNAMASTA)

MARAVILLOSA fuente.
Cabeza en mano
beber mi propia sangre
en lengua como cuenco.

Mi lecho se levanta
sobre cuerpos que copulan.

Serena me duerme
la fluidez.

Infinitas pupilas
cual testigos
amanecen.
De sus bocas
bajo escarcha púrpura
reptan las culebras.
Hambre encarnada.
Lunares-garrapata
mis vestidos rasgan.

Ante mí
lascivos
salivan
mis ojos –
como platos.

ARIADNA RENACIDA

Rasgarme la vida
como se despedaza una tela –
tragarme las hilachas
una a una.

EN EL QUTAB MINAR, DE NUEVO

DEAMBULAR
por la propia vida
como por los vestigios
de un templo exótico
reconocerse en las texturas
de la piedra.

Niños –
correteando sobre la hierba.

Paisaje de pilares en hilera
estancias verticales de memoria.
Intransitables espejos
de otras épocas.

Perfume –
de flores de serpiente.

Familiaridad embriagadora.
Sabiendo lo que viene antes,

sabiendo lo que viene después –
sonámbula
esquivo
momentos ya vividos –
los míos [¿los míos?];
en milésimas de segundo extranjeras
vagabunda
veo mi reflejo –
¡allí pido pan y agua!

Sin ruedas traseras,
ni mano que mantenga el equilibrio –
en la carreterilla de eucaliptos
veloz mi bicicleta roja.

Otear
desde el minarete de arenisca
del propio cuerpo en ruinas
su amplitud –
atravesarla,
a la hora más calurosa
en todas direcciones y en ninguna
un día de estío.

Engalanada

con todos sus dientes –
una sonrisa desconocida
apenas a dos metros se enciende
para la posteridad.

Helada el agua de la alberca.

No cabe manual
ni mapa de carreteras
ni brújula alguna
cuando todo lo vivido
puede acontecer en un instante –
cuando
en cualquier poyete
una puede encontrase con su sombra.

BLANCO DIAFRAGMA

BLANCO diafragma –
pechos como puñales de plata
frente al fuego, dijo –
saco de boxeo reventado.

Inmóvil flotador
en ajada nave despoblada
por excesos.

Sangre coagulada.
Amoratada parálisis.
Ultraaristotélicos,
mis escalofríos
ni titilan.

La luna pradiana
clavada en el tórax.

LE da la palabra a la niña que fue.
Balbucea alfileres.
Se sienta a la mesa con los hermanos Grimm.
Ingenua y Blancanieves,
al despertar de su ataúd de luna
su madrastra se extinguió
cual chorro de gas.
De las vísceras del lobo
resucitó
tranquila
como una amapola.
Cuando fue Cenicienta
su príncipe,
un vendedor de zapatos,
devoró palomares a hachazos,
sus hermanastras
se amputaron los pies
y palomas les sacaron los ojos.
También fue murciélago.
Le cantó a la lombriz

que cortada en dos
se arrastra dividida
como si estuviera completa.
Sus pezones
se convirtieron en alas.
Ideó un bestiario
para así descubrir
alguna virtud en su interior.
Siempre la maldad
como sombra ineludible
que la enferma.

Fuimos todos los cuentos
y los cuentos fueron ella.
Así parceló su vida
en unas cuantas pesadillas.
Experta en la mímica
de la patología,
su poesía es brusca
como una excavadora,
agitadora de furias inmortales.
A la caza de Dios
reescribió el evangelio
y tejió su libro de los salmos
conjurando todo su alrededor.
Que mi ropa no encoja más.
Que Dios me digiera.

Hambres de misericordia.

El poema, un quirófano,
la palabra, un bisturí
extirpador de imágenes boquiabiertas.
Ella lo dijo:
la lengua es un cuchillo afilado
que mata sin que corra la sangre.
Se sintió
el único actor
en la pieza de teatro de su vida,
debutando una y otra vez
con su monólogo,
un compendio de jeroglíficos
en continua hégira.

Compartir la aflicción de Hemingway
por la muerte de la primavera.
Entre todas las flores
preferir la margarita.
Celebrar el amor
y embriagarnos de amarillo
para así acabar
con el veneno.

HACERTE EL AMOR, SARAH BAARTMAN

¿Sı Lessing no hubiera escrito el *Laocoonte*
qué habría sido de ti?
Veintitrés años antes de que nacieras
Sarah Baartman
todo el mundo al parecer sabía
lo sucios que son los hotentotes.
Naciste con la Revolución francesa
pero Francia no tuvo para ti
liberté, égalité, fraternité.

En siglo y medio largo
Sarah Baartman
no visité tu sexo
flotante – ahogado –
en ese rincón infame – ilustrado –
del Musée de l'Homme –
hombre Museo del Hombre hom-
bre-hom-bre hombre Museo del Hombre
hombre.

Cerebro-esqueleto-sinus pudoris.

De los genitales
de Lessing
descolgarme
hasta hacerlos reventar.

Cerebro-esqueleto-sinus pudoris.

En pintura
condenarlo
a ser el Laocoonte
de Virgilio.

En baba repugnante
empapar.

Con tripas frescas
de infernales colores –
del más espantoso Rubens dignas
estrangular.

Cerebro-esqueleto-sinus pudoris.

Al cielo
gritos cual esperpentos
dislocado el cuello
lanza –
escandalosa mandíbula
ante un coro
de mujeres
impertérritas.

Cerebro-esqueleto-sinus pudoris.

Uñas salvajes –
como punzones:
fascia desgarrada.
En canal:
serrato-dorsal-glúteo.
Desorbitados los ojos.
Manso hueso blanco.

Cerebro-esqueleto-sinus pudoris.

Cuando apareces sin cuernos
de una virgen tienes el rostro.
[Ovidio canta a Baco.]
Podredumbre húmeda.
Inapetente,
Saturno
no te devorará.

No te regocijes:
no serás Júpiter –
ni héroe siquiera.

Cerebro-esqueleto-sinus pudoris.

Sarah Baartman:
hacerte el amor,
lamer tu cicatriz;
beber
tu perfume
taciturno
de licor y carne espesa.

Cuanto más blanco más bello
decía Winckelmann un cuerpo.
No llegaste a ver de Delacroix,
no sobreviviste para hacerlo,
de la revuelta parisina
la libertad de pechos blancos
muy blancos redondos melocotones
enteros en la mano caben.

Amarte
hasta que todo sea negro:
mi pubis – blanco –
mi ojo – blanco –
mi diente – blanco –.

Que la enfermedad y la muerte
alienten nuestro ardor.

SER una carne
con la noche.

MIS CONVERSACIONES CON LISI (ESTARAS)

Entrenarnos a conciencia
para orcas.
Tú me llevas ventaja.
Mi madre tu abuela tu madre
mi abuela lo son lo fueron
ya todavía.
No todas tuvieron esa suerte.
Hay que sobrevivir para ser orcas.
Sin tregua adiestrarnos
en la caza del salmón
guiar en ella a nuestras crías.
Cetáceas
mezclarnos –ser ballenas piloto
deleite de calamar –narvales construir
nuestro colmillo izquierdo helicoidal
a pesar de todo –belugas de redondeada
frente viajar hacia el blanco y permanecer
fusiformes elipsoides.
Aletas nuestros brazos pectorales
chasquear, silbar, repiquetear

en las zonas más gélidas
con nuestra gruesa grasa termostática
preparadas emanar anillos de burbujas
morder risueñas el dibujo perseguir
hasta la superficie sus partes deleitadas
soplar exhalaciones explosivas
hinchar nuestros pulmones
espolvorear nubes turnerianas.

MASTICAR LA VIDA JUNTAS
(YO COMO HELEN OYEYEMI)

A la cerradura
acercamos el ojo:
tu rosaleda
de mariposas azulinas
en oleadas de perfume;
mi maceta de margaritas mustias
de acuarela de ocre carne –
disipándose.

La una para la otra desaparecer en un espejo.

Nadie nos previno –
nunca –
contra los espejos.

Tampoco hizo falta.
Desde el principio
la trenza que a ti te devolvían
nunca fue de rubio casi blanco,
levitando sobre el hombro

en apocadas órbitas sin núcleo –
ahora hacia la izquierda
– uno, dos, tres –
ahora hacia la derecha
– cuatro, cinco, seis – siete –
y vuelta a empezar –
siempre reluciente.
Tampoco te sorprendieron
con una tez impredecible
de sensibilidad exagerada
debatida entre la extrema palidez
y el rubor incandescente.
Por mi parte
a mí me delataban –
como poco –
tanto como me servían de escondite.
(También desde el principio.)
De cuerpo entero
armónica
colarme en el espejo
para ver con precisión.
Desde allí
avistar
con aires incorpóreos
el mundo en derredor –
medir las circunstancias –
siempre el porvenir

incluido el que ya fue.
Camaleónica
vigía
miro de reojo —
dejar de ser temo cohibidamente.
Por qué hacer de luna tan expuesta
mi refugio
me pregunto todavía.
En ella me recuerdo
en leotardos rosa
con tímida cola de pantera.

Lucir
contigo
todas nuestra colas
—a la vez—
de furcifer pardalis,
de dragón, de zorro y tigre,
de pavo real;
de ballena, de yurumí,
de armadillo y de coatí.
Conjurar a Kali
hasta ser una diosa
de dos cabezas
y diez rabos —
con cresta de abubilla

y penacho de bulbul.
Articular entonces
con hilos invisibles
un jardín de marionetas de latón –
cuerpos de mujer resucitados –
centelleantes –
y ofrendarlo –
generosas.

Masticar la vida juntas
como se mastica el arroz.
Serenas
arañarnos en el papel en blanco –
dichosas
entre zarzas –
en un puñado de llaves cualesquiera
derramarnos –
entre dos espejos
cortarnos en asíntotas
de inverosímiles curvas soñadoras –
al unísono.

SER COSTILLA Y HELECHO

De tu hondura
manar –
mi mano –
tus pinnas,
mis dedos.
En los ritmos
de tus arcos
adiestrarme.
Vaporosas curvas:
contorsión
volátil
de las vértebras,
torcimiento de peroné,
pie como plátano.

Ser helecho –
a borbotones.

Repicar –

en pecioladas frondas –
exaltadas –
dividirme.
En el raquis
dispuestas
innumerables pínnulas.
Deseante envés velloso.

Que la noche venga
a refrescarme.

Y derramarme –
en cascadas espumantes –
es-par-cir-me –
en bandadas suspendidas.
Y migrar –
inmóvil –
maduro el esporangio –
entre los nervios de la hoja
alineado.
Reproducirme –
como sin querer.

Crip-tó-ga-ma:
en sus zapatos
torna invisible
a las personas

mi semilla –
en forma de riñón
brota de la grieta
mi flor roja
[sueñan]
en llama azul
desaparece –
coserla a la mano
cual florero.

Del murmullo ondulado
de mi verde
huye la lombriz.

Entallarme.

Pegar el rostro
a tu hoja –
costillar –
hacerme lámina.
Como la cochinilla
de tu savia
alimentarme.
Que tu ojo
sea mi ojo –
de parte a parte.

Yo –
monstrua deliciosa,
cerimán –
agujero
de tu hoja coriácea –
mano de tigre –
garra de león.
Raíz aérea –
anhelos de cortezas –
encaramada –
velar
por mi mazorca
de escama hexagonal.

A-u-tó-tro-fa –
de pulpa tóxica,
gozosa,
mestiza –
a mango y piña
mi aroma.

CUMPLEAÑOS 23/04/21

DESPERTASTE
a tus cincuenta y dos años
en este día que yo escribo este poema
en la que será tu cama
para toda una luna
en una habitación compartida
en el ala de psiquiatría del hospital.
Te pica horrores el cuerpo
el agua te da miedo
la piel escamada
los tobillos hinchados
tu mirada no es tuya.
Recuerdo
once años atrás
tu
vuestro
ingreso involuntario
el primero
paseos por el pasillo
de extremo a extremo

a pasos cortos hacerlo más largo
camisón azul
mañana seguro te lavas el cabello
a veces despeinado
otras
estirado
con horquillas en un moño que tira de tu frente
siempre sucio
acercando tu mundo y el mío me frotas la mano
construir sobre años desvanecidos
todo va a cambiar
no volverás nunca
te apuntarás a pilates
irás a un club de lectura
harás amigas
nos iremos de viaje
también al extranjero
no
por encima de todo
no volverás nunca
quizá te enamores
probarás una pizza en un restaurante italiano
iremos cuando quieras
nos miramos a los ojos
miramos y miramos
me besas la mejilla
aprietas tanto los labios que parecen un capullo de pitiminí

aprietas tanto que casi no me rozas
prohibida tu entrada a la cafetería del hospital
tampoco acompañada
pongo una reclamación
dos tres años después responderán
dos tres años después
ayer
sentadas frente a la máquina expendedora
batido con almendras
sonríes
labios
beso de pitiminí
salimos
hoy tienes permiso
en un bar cualquiera un vaso de leche
un sándwich mixto recuerdo también
cuarenta treinta años atrás
entonces
solo esporádico
lo que hoy es periódico
cuando jugábamos al *intelect* tus palabras siempre sumaban cien puntos
de pitiminí tus labios
cien como poco
en las tardes de verano
cuando tenía suerte
a la alberca
me llevabais con vosotras

vuestros cuerpos
morenos
esbeltos
en bikini negro contra el celeste
los girasoles secándose
la morera y su sombra
tu vestido camiseta de frutas coloridas
rojo amarillo verde también lila
de la rodilla por encima
aquel gesto de meter solo de un pie los dedos
a la cintura los brazos
ya nos vamos
siempre helada
de la alberca el agua.

CAMINO DE VUELTA DEL HOSPITAL

ATRAVESAR la ciudad –
cartografiar la propia vida.

El ladrillo rojo
de un edificio
en estrella –
una ventana azul
en noche de junio
incendiada.
Apenas abre el día
bajar al jardín
extenderme
sobre la hierba
rociada
de humedad.

Continuar –
cruzar la calle.

Sentarme en aquel banco

de aquel parque.
Sentarme –
cada vez que lo hice
ahora siendo otra.
Sentarme –
con nosotras.

Escuchar
a lo lejos
batires de alas de palomas
sobre semillas regaladas –
abalanzándose.
Pálpito de lágrima en lagrimal
de niña que teme la brusquedad.

Recorrer sus arboledas
una y otra –
con compás de arco mudable
de aquel mediodía de invierno
el parterre circundar –
en cada posición
ser estatua
incansablemente detenida
perseguir
una sangre
menos dulce.

NOSTALGIA

PINTAR esta pared de rojo
azul amarillo blanco
brocha sobre brocha
recordarte despacio.
Pintar esta pared de rojo
azul amarillo blanco
el cabello despeinado
ni guantes ni periódicos.
Sudorosos los ojos
la frente en catarata
en mañana tarde noche
mediodía
de verano otoño invierno
primavera.
Pintar esta pared de rojo
azul amarillo blanco
cegada arremangados los brazos
que la brocha sea mi mano
que la mano mi brocha
que mi brocha tu ánima.

Pintar esta pared de rojo
azul amarillo blanco
gotea el rodillo en el suelo
rastrearte losa a losa
digerirte poro a poro.

TRANSFIGURACIÓN SEMÁNTICA

LUNAR se desune mi útero.
Nunca fui mujer.
A veces me afané en serlo.

Nací exiliada.
No me preguntes
el nombre del lugar –
aprendí a llamarlo
casa –
familia –
Carla.

No querer andar
gatear a toda costa.
Entre el trigo y tajadas de sandía
hacerme niña.
Aprender la gestualidad
del eucalipto –
con mi timbre plateado
despertar el aire.

A puerta cerrada
escribir poemas
airearme el alma
a picotazos
cántaro ajado, niña que llora,
cuerpo deseante, lengua enamorada,
el hijo no-nacido,
yo tú, él, ella,
nosotras y nosotros, ellos ellas.
En el masculino plural
reconocerme
decir
para mí
uno siente,
uno cree imagina sueña que.
¿Por qué no una?
Porque uno,
porque uno siente imagina sueña que.
Una vez en un poema
me desperté y tras bostezar
salí a la calle vestido
de ceniza engañado
de sueños. En otro fui hombre
que era muerte, que era viento,
que era esposa y caballo. Entonces ellos
decían blanco, ellos

decían negro.

Con la sensibilidad del revés,
reivindicarme mujer
hoy que todavía es tiempo
clamar nosotras –
que ahí quepa
gramaticalmente
la vida toda.

El dilema siempre fue
ser (hombre) o no ser.
Hoy mi dilema es
ser mujeres o no ser.
Ojalá un día el dilema sea
ser o no ser.

En el espejo
entre manchas de humedad –
rodeada.
Comerme mis migajas
una a una.

ÍNDICE

Yo-Ellas
de CARLA CARMONA se terminó
de imprimir el 7 de octubre de 2024